어린이를 위한
세상을 보는 지혜

어린이를 위한
세상을 보는 지혜

1판 1쇄 인쇄 2025년 5월 2일
1판 1쇄 발행 2025년 5월 12일

글쓴이 배은영 **그린이** 유영근
발행인 오영진 김진갑 **발행처** 제제의숲 **기획편집** 이희자
디자인 안경희 **마케팅** 박시현 박준서 김승겸 김수연 박가영

출판등록 2013년 1월 25일 제2013-000028호
주소 서울시 마포구 월드컵북로5가길 12 서교빌딩 2층
원고 투고 및 독자 문의 midnightbookstore@naver.com
전화 02-332-7706 **팩스** 02-332-7741
블로그 blog.naver.com/midnightbookstore
페이스북 www.facebook.com/tornadobook

ISBN 979-11-5873-332-2 (73190)

제제의숲은 ㈜심야책방의 자회사입니다.
이 책은 저작권법에 따라 보호를 받는 저작물이므로 무단전재와 무단복제를 금하며,
이 책 내용의 전부 또는 일부를 사용하려면 반드시 저작권자와 제제의숲의 서면 동의를 받아야 합니다.

잘못되거나 파손된 책은 구입하신 서점에서 교환해 드립니다.
맞춤법과 띄어쓰기는 국립국어원의 기준에 따랐습니다.
책 모서리가 날카로워 다칠 수 있으니 사람을 향해 던지거나 떨어뜨리지 마십시오.
종이에 베이지 않게 주의하세요. 책값은 뒤표지에 있습니다.

어린이를 위한
세상을 보는 지혜

배은영 글 | 유영근 그림

제제의숲

● 머리말

어린이 여러분의 멋진 성장을 응원해요!

　어린이 여러분은 오늘, 얼마만큼 자랐나요?
　책상에 앉아서 이 책을 펼쳐 든 어린이라면 벌떡 일어나서 자신의 키를 재 볼 것 같은데요? 물론 매일 조금씩 키와 몸무게가 늘겠지만 제가 묻고 싶은 건 "정신이나 마음이 얼마나 성장했나요?"예요. 그러면 여러분은 "에이, 그게 눈에 보이는 것도 아니고 어떻게 알아요?"라고 할 테지요.
　맞아요. 그건 수치로 나타낼 수 있는 것도 아니고 눈으로 확인할 수 있는 것도 아니에요. 하지만 매일 느는 키와 몸무게처럼 정신과 마음도 조금씩 커질 수 있어요.
　우리가 사는 세상은 '나'와 '주변 사람'으로 구성되어 있어요. 그래서 '나'도 중요하고 주변 사람과의 '관계'도 중요하지요. 우리는 하루하루 살아가면서 수많은 문제에 부딪혀요. 나에 대한 문제일 수도 있고 친구, 부모님, 선생님과 관련된 문제일 수도 있어요. 그 문제들을 잘 해결하면 여러분은 좀 더 나은 사람으로 성장할 수 있지요.

　약 400년 전 발타사르 그라시안은 《세상을 보는 지혜》*라는 책에 우리가 살아가면서 겪게 되는 일과 그에 대한 조언, 지혜로운 생각들을 300개의 글로 담았어요. 우리에게 일어날 수 있는 거의 모든 문제와 고민을 다루고, 어떻게

하면 지혜롭게 극복할 수 있는지를 알려 줘요. 좀 더 올바르게 판단하고 쉽게 해결할 수 있도록 도와주지요.

어제보다 의미 있는 하루를 보내고 나를 한 단계 성장시키고 싶은가요? 주변 사람과 싸우지 않고 잘 지내고 싶은가요?

어떤 문제든, 어떤 고민이든 발타사르 그라시안이 들려주는 아주 쉽고 재미있는 이야기를 읽다 보면 '아, 이렇게 하면 되는구나! 나도 할 수 있겠어!' 하는 생각이 들 거예요.

이 책이 어린이 여러분이 지혜로운 어린이로 성장하는 데 도움이 되었으면 좋겠어요!

*이 책은 17세기 예수회 신부이자 스페인의 철학자 발타사르 그라시안이 쓴 《사람을 얻는 지혜 Oráculo manual y arte de prudencia》를 바탕으로 어린이들이 쉽게 이해하고 활용할 수 있도록 고쳐 쓰고 재구성한 책이에요. 《사람을 얻는 지혜》는 독일의 철학자인 니체와 쇼펜하우어가 극찬한 책으로, 우리나라에는 《세상을 보는 지혜》라는 제목으로 출간되어 103주 연속 베스트셀러 1위에 오르며 선풍적인 인기를 얻었어요. 이 책은 출간된 지 400년이나 지났지만 책에 담긴 인간관계에 대한 현실적인 지혜는 지금까지도 전 세계에서 널리 읽힌답니다.

글쓴이 **배은영**

● **차례**

머리말 어린이 여러분의 멋진 성장을 응원해요! • 4

01장　나의 내면을 가꾸는 세 가지 방법

　1. 세상의 중심은 바로 '나' • 12
　　　자기 자신의 주인인지 체크해 보기 • 14
　2. 자신감 끌어올려! • 18
　　　자존감 높이는 주문 • 20
　3. 노력하면 안 되는 게 없지 • 24
　　　단계별로 천천히 실행하자 • 26

02장　나를 가치 있게 만드는 네 가지 방법

　1. 감정 표현 부자 되기 • 32
　　　감정을 솔직하게 표현하는 방법 • 34
　2. 근사한 내가 되는 예절 마법 • 38
　　　말투와 몸가짐을 예의 바르게! • 40
　3. 할 일을 미루면 안 돼! • 44
　　　할 일을 미루지 않으려면 • 46
　4. 본받을 만한 이상형 만들기 • 50
　　　닮고 싶은 사람을 정해 보자! • 52

03장　친구와 잘 지내는 다섯 가지 방법

　1. 기분 좋은 대화가 필요해! • 58

상대방을 생각하는 대화의 기술 · 60
2. 부메랑 같은 호의 · 64
　친구를 소중하게 대하는 마음 · 66
3. 나를 위한 조언 귀담아듣기 · 70
　열린 마음으로 듣자! · 72
4. 다른 사람 험담은 NO! · 76
　나쁜 말은 듣지도 옮기지도 말 것! · 78
5. 정정당당하게 겨루기 · 82
　최선을 다하고 결과에 승복하기 · 84

04장　세상을 지혜롭게 사는 다섯 가지 방법

1. 마구마구 칭찬하자! · 90
　칭찬하는 방법 · 92
2. 누군가 나를 보고 있다! · 96
　말과 행동을 조심하자! · 98
3. 결점은 눈감고, 장점은 눈 크게 · 102
　친구의 장점을 찾으려면 · 104
4. 잘난 척은 금물 · 108
　겸손한 자세를 배워 볼까? · 110
5. 정중한 부탁, 현명한 거절 · 114
　부탁과 거절의 기술 · 116

01장 나의 내면을 가꾸는 세 가지 방법

세상을 살아가는 데 있어 가장 중요한 것은 '나'예요. 내가 없다면 이 세상은 아무 의미가 없을 테니까요. 하지만 정작 스스로에 대해 잘 알고 있는 사람은 별로 없어요. 자신의 내면을 들여다보는 방법을 잘 모르기 때문이지요.
이 책에 나온 세 가지 방법으로 나의 내면을 가꾸고 단단하게 만들어 보세요.

세상의 중심은
바로 '나'

자신감
끌어올려!

노력하면
안 되는 게
없지

 **발타사르 그라시안이 들려주는 세상을 보는 지혜**

　여러분은 자신의 성격이 어떤지, 어떤 성향을 띠고 있는지 알고 있나요? 요즘에는 재미 삼아 성격 유형별 검사를 해서 나의 성격을 결정 내리기도 해요. 하지만 진정으로 자신의 마음속을 들여다보려는 친구는 많지 않아요.

　'나는 무엇을 좋아하고, 싫어할까?', '내가 관심 있어 하는 것은 무엇이지?', '고쳐야 할 점은 무엇일까?'와 같은 질문을 스스로에게 해 보세요. 선뜻 대답하지 못한다면 자신에 대해 잘 알지 못하고 있는 거예요.

　또 나의 성격뿐만 아니라 내가 가진 지식과 능력이 얼마만큼인지 판단해 보는 것도 자신을 아는 데 중요해요. 고대 그리스 델포이의 아폴론 신전 현관 기둥에는 '너 자신을 알라'라는 말이 새겨져 있어요. 고대 그리스의 철학자인 소크라테스가 이 말을 자신의 철학으로 삼으면서 유명해졌는데, 자신이 아무것도 모른다는 사실을 스스로 깨달을 때에야 참다운 지식을 얻을 수 있고, 올바르게 행동할 수 있다는 뜻이에요.

소크라테스

　이렇게 모든 일에서 자신이 가진 내면의 깊이와 무게를 조사해 보아야 나의 잘못된 모습을 고치고, 부족한 부분은 채워서 더 나은 사람이 될 수 있는 것이랍니다.

나한테 집중하려고 해도 자꾸 다른 사람을 신경 쓰게 돼요.

그건 당연해요. 나와 함께 세상을 살아가는 타인을 신경 쓰지 않는 건 힘들어요. 하지만 다른 사람에게 모든 걸 맞추면 금세 나를 잃고 말지요. 세상의 중심에는 내가 있고, 나에 대해 알아 가는 노력이 무엇보다 필요해요. 하지만 다른 사람을 신경 쓰는 게 잘못은 아니니 나를 탓하지 마세요. 다만, 나에게 신경 쓰는 연습을 먼저 해 봐요. ☺

내면 가꾸는 방법 ❶
세상의 중심은 바로 '나'

하나와 강희가 지우개를 사러 문구점에 갔어요. 그런데 한참이 지나도 하나는 아무것도 고르지 못했어요.

NO ➡
- 아직 못 골랐어?
- 내가 좋아하는 게 뭔지 모르겠어.

YES ➡
- 아직 못 골랐어?
- 아! 말랑말랑하고 손에 딱 잡히는 지우개를 사려고 하나하나 만져 보는 중이야.

먼저 내가 좋아하고 싫어하는 것이 무엇인지 판단하고 아는 일이 중요해요. 식당에 가서 메뉴를 고를 때도 '아무거나' 대신 무엇이 먹고 싶은지를 생각해 본 다음 분명하게 말해 보세요.

장우네 반은 세 달 동안 학교에서 라인 댄스를 배웠어요. 수업 마지막 날, 단체로 공연을 선보이기로 했지요.

내가 만족할 만큼 최선을 다해 열심히 한다면 절대 후회하지 않아요. 설령 그 일을 해내지 못했더라도 말이에요.

자기 자신의 주인인지 체크해 보기

오늘 하루를 자기 자신의 주인으로 사는 일은 그리 어렵지 않아요. 여러 가지 방법 중에서 얼마만큼 실천하고 있는지를 한번 체크해 보세요.

🍊 생활 계획표 만들기
여름 방학이나 겨울 방학 때 짜는 생활 계획표! 이젠 평소에도 계획표를 짜서 생활해 보세요. 시간 낭비 없이 하루를 알차게 보낼 수 있어요.

🛏 이불 정리하기
내가 자고 일어난 이부자리를 정돈하는 습관을 들여 보세요. 이불을 가지런히 정리하는 작은 일이 온 하루를 상쾌하게 만들어 줄 거예요.

👊 근면하게 생활하기
부지런함은 행운의 어머니예요. 게으른 베짱이가 되는 것보다는 부지런한 개미가 되려고 노력해 보세요. 어떤 행운이 따라올지도 몰라요.

뽀득뽀득 잘 씻기

아침에 세수를 하고, 양치를 하는 일을 귀찮아하지 마세요. 온종일 환한 얼굴을 위해 꼭 필요하니까요. 또 저녁에는 하루 동안 뒤집어쓴 먼지를 깨끗한 물로 씻어요.

단정하게 입기

옷차림을 깨끗하고 바르게 하면 몸가짐도 저절로 바르게 돼요.

교과서 복습하기

오늘 하루 배운 내용을 복습해 보세요. 내가 잘 모르거나 부족한 부분을 파악해서 채울 수 있어요.

독서하기

마음에 드는 책을 한 권 골라 햇볕 드는 창가에 앉아 읽어 보세요. 나의 상상력과 지식이 가득해지는 것을 느낄 수 있어요.

나를 칭찬하기

친구에게 가위를 빌려준 일, 학교 복도에 떨어진 쓰레기를 주운 일, 스스로 시간 맞춰 약을 먹은 일 등 아주 작은 일이더라도 콕 집어서 나 자신을 칭찬해 보세요.

일기 쓰기

오늘 있던 일 중에서 좋았던 점, 아쉬웠던 점 등을 솔직하게 써 보세요. 오롯이 '나'를 느끼고 들여다볼 수 있는 순간이에요.

 **발타사르 그라시안이 들려주는 세상을 보는 지혜**

    1880년 미국 앨라배마주 터스컴비아에서 태어난 헬렌 켈러는 태어난 지 19개월이 되었을 무렵, 큰 병에 걸려 시력과 청력을 잃고 말았어요. 보지도, 듣지도, 말하지도 못하는 장애를 가진 헬렌 켈러는 여덟 살이 될 때까지 아무것도 배우지 못한 채 깜깜한 어둠 속에서 살아야 했지요. 헬렌 켈러의 부모님은 그런 딸을 위해서 맹아 학교에서 일하고 있던 앤 설리번 선생님을 가정 교사로 모셔 왔어요.

헬렌 켈러와 앤 설리번 선생님

    설리번 선생님은 세상과 단절되어 있던 헬렌 켈러에게 공부를 가르치고, 세상과 소통할 수 있게 도와주었어요. 그 덕분에 헬렌 켈러는 자신감을 얻었고, 열심히 공부해 대학에도 들어갔으며, 자신과 같은 처지에 놓인 장애인을 위해 일하는 사람으로 성장했지요. 할 수 있다는 자신감, 해 보겠다는 용기로 자신의 한계를 뛰어넘어 훌륭한 사람이 될 수 있었던 거예요.

    헬렌 켈러는 새롭고 어려운 일이 닥쳤을 때 주저하는 사람들에게 "절대로 고개를 떨구지 말라. 고개를 치켜들고 세상을 똑바로 바라보라."고 말했어요. 무슨 일이든 자신감을 가지고 도전한다면 헬렌 켈러처럼 자신이 원하는 목표를 반드시 이룰 수 있을 거예요.

제가 자신감이 없는 건 조용한 성격 때문인 것 같아요.

조용한 성격과 자신감은 별개예요. 성격 때문이라기보다는 어떤 문제를 마주했을 때 못 할 것 같다는 걱정을 하거나 자신의 능력을 낮게 생각하기 때문일 수 있지요. 할 수 있다는 생각으로 조금씩 노력하다 보면 자신감이 생길 거예요. 🙂

내면 가꾸는 방법 ❷
자신감 끌어올려!

반 친구들이 한 명씩 앞에 나와 주제 발표를 했어요. 동휘 차례가 되어 동휘가 친구들 앞에 섰어요.

개미만 한 목소리, 의기소침한 자세는 발표에 도움이 되지 않아요. 큰 목소리로 또박또박 말하는 연습을 해 보세요. 말하는 자세만으로도 듣는 사람이 받는 인상이 확 달라져요.

엄마가 생일 선물로 자전거를 사 주었어요.
하지만 소원이는 오빠처럼 자전거를 잘 탈
자신이 없어요.

'나는 잘 못할 거야.'라는 마음보다는 '나는 할 수 있어!'라는 마음으로 도전해 보는 것이 좋아요. 멋진 도전은 성공과 실패를 떠나 멋진 나로 성장할 수 있게 도와주지요.

 **자존감 높이는 주문**

누구나 처음이 있고, 누구나 실수를 할 수 있어요. 무슨 일이든 처음부터 겁먹고 주저하기보다는 나를 믿고 도전해 보는 것이 좋아요. 용기를 북돋워 주는 말로 주문을 걸면 자신감이 샘솟을 거예요.

자신을 존중하고 사랑하는 마음을 '자존감'이라고 해요. 자존감이 높은 사람은 언제나 자신감이 넘쳐요. 긍정적이고, 힘을 주는 말은 나를 소중하고 특별한 존재로 만들어 줘요.

발타사르 그라시안이 들려주는 세상을 보는 지혜

우리는 살면서 많은 일을 경험해요. 그런데 "어려워서 못 하겠어.", "이거 그만할래." 하고 중간에 포기하는 경우가 있어요. 자전거를 배우다가 그만둔 일, 수학 학습지를 다 풀지 않고 덮은 일, 등산하다가 힘들어서 중간에 되돌아온 일 등 사소한 일부터 꼭 해야 하는데 노력하지 않아서 다 못 한 일까지. 우리는 어쩌면 포기를 쉽게 생각하고 있는지도 몰라요.

과학자 마리 퀴리는 열 살 무렵 어머니를 잃은 데다가 집이 가난하여 공부하기가 어려운 환경이었어요. 또 마리 퀴리가 살던 폴란드 대학은 여성을 받아 주지 않아서 여성도 대학에서 공부할 수 있는 프랑스로 유학을 갔지요. 마리 퀴리는 가정 교사 일을 하면

마리 퀴리

서 학비를 벌어 학교에 다녔어요. 그리고 마침내 방사능 연구에 성공하여 노벨 물리학상과 노벨 화학상을 받게 되었지요.

그런데 만약 마리 퀴리가 "우리 집은 가난해. 나는 여자라서 안 돼." 하면서 공부를 포기했다면 어떻게 됐을까요? '세계 최초로 노벨상을 두 번이나 받은 위대한 과학자'는 절대 되지 못했을 거예요.

공부뿐만이 아니에요. "일단 일을 시작하면 목표로 한 모든 것을 이룰 때까지 하라."는 마리 퀴리의 말처럼 자신에게 주어진 일이나 해내고 싶은 일이 있다면 끈기를 가지고 노력해 보세요.

노력을 해도 계속 제자리걸음인 것 같아요.

내가 노력한 만큼 당장 결과가 안 나올 수도 있어요. 그럴 때는 실망하지 말고 지금 열심히 노력하고 있는 나를 칭찬해 보세요. 노력하는 과정에서 긍정적으로 변화하는 자신의 모습만으로도 충분히 기뻐할 만한 일 아니겠어요? 그 모습이 '한 걸음 더 나아가고 있는 나'이니까요. ☺

내면 가꾸는 방법 ❸
노력하면 안 되는 게 없지

학교에서 앞 구르기 수행 평가를 앞두고 친구들끼리 연습을 했어요. 평소 운동을 잘하는 수오는 앞 구르기에 자신이 있었어요.

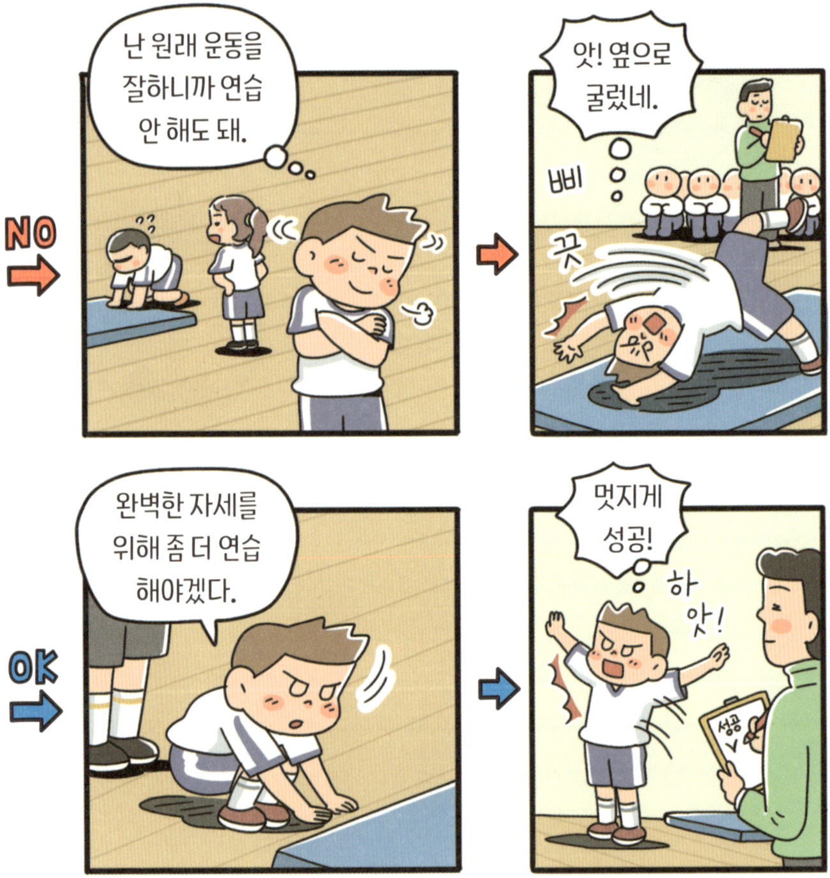

NO →
- 난 원래 운동을 잘하니까 연습 안 해도 돼.
- 앗! 옆으로 굴렀네.

OK →
- 완벽한 자세를 위해 좀 더 연습해야겠다.
- 멋지게 성공!

아무리 타고난 능력이 있어도 노력하지 않는다면 자신의 능력을 제대로 발휘할 수 없어요.

무슨 일이든 한 번 시작한 일은 끝까지 하는 습관을 길러요. 끝까지 걸어가야 목적지에 도착할 수 있는 것처럼 포기하지 않고 해내는 사람만이 멋지게 성공할 수 있지요.

단계별로 천천히 실행하자

 우리나라 속담 '무쇠도 갈면 바늘 된다'는 꾸준히 노력하면 어떤 어려운 일이라도 이룰 수 있다는 말이에요. 하지만 무작정 노력한다고 해서 모든 일이 다 마음먹은 대로 이루어지진 않아요. 내가 하고자 하는 일, 얻고자 하는 것이 있다면 '목표 정하기 ⋯▶ 계획 세우기 ⋯▶ 실행하기'로 단계를 나누어서 효율적으로 목표를 달성해 보는 건 어떨까요?

목표 마라톤 5킬로미터 대회에서 완주하기

계획

1. 매일 30분씩 달리기를 하며 폐활량을 키운다.

2. 주말에 조금씩 거리를 늘리며 훈련한다.

3. 대회 일주일 전에 마라톤 코스를 뛰어 본다.
(잊지 말 것! 운동 전에 충분한 스트레칭과 균형 잡힌 영양 섭취는 필수!)

실행

날짜	5월 14일 (화)	5월 15일 (수)	5월 16일 (목)	5월 17일 (금)	5월 18일 (토)
시간	달리기 30분	달리기 30분	달리기 30분	달리기 30분	시간 상관없이 거리 늘리기
거리	2.5km	2.4km	2.5km	2.5km	2.7km

02장 나를 가치 있게 만드는 네 가지 방법

여러분은 매일매일 조금씩 자라고 있어요. 키도 몸무게도 생각도 어제보다 오늘 더 성장하고 있지요. 그렇다면 어떤 사람으로 성장하면 좋을까요?

앞에서 나의 존재, 나의 본모습을 가꾸는 세 가지 방법을 익혔으니, 이제 나의 가치를 갈고닦을 수 있는 방법을 알아봅시다. 어제보다 더 나은 사람이 되는 것 또한 내가 만드는 것이랍니다.

- 감정 표현 부자 되기

- 근사한 내가 되는 예절 마법

- 할 일을 미루면 안 돼!

- 본받을 만한 이상형 만들기

 **발타사르 그라시안이 들려주는 세상을 보는 지혜**

즐겁거나 기뻤던 적이 언제였나요? 반대로 화가 나거나 불쾌한 기분이 든 적은요? 우리는 매 순간 많은 감정을 경험하면서 살아가요. 그런데 이러한 감정을 제대로 표현하지 않고 마음속에 꽁꽁 감춰 둔다면 상대방이 내 감정을 모를 뿐만 아니라 감정이 쌓여 스트레스가 될 수 있어요. 그렇다면 감정은 어떻게 표현하면 좋을까요?

우선 가장 쉽게 드러낼 수 있는 것은 바로 우리 얼굴의 '표정'이에요. 눈을 크게 뜨고, 눈썹을 찌푸리고, 입술을 샐쭉이거나 미소를 지으면서 자신의 감정을 표현하는 것이지요. 또 자신의 감정을 가장 정확하게 표현하는 방법은 '말하기'예요. 내 마음이 어떤 상태인지 알고 그에 맞는 언어로 소리 내어 말하는 거예요. 이 밖에도 글을 쓰고, 노래를 부르고, 그림을 그리면서 감정을 드러낼 수 있어요.

독일의 음악가 베토벤은 평소에 자신의 감정을 잘 드러내기로 유명했어요. 좋은 일이 있을 땐 한없이 즐거워하고, 못마땅한 일엔 불같이 화를 내고, 시련이 닥쳤을 땐 슬퍼했지요. 이런 감정을 담아 〈운명〉, 〈월광〉과 같은 명곡을 탄생시켰어요.

루트비히 판 베토벤

감정을 표현하는 기술은 어떠한 방법이 되었든 자신의 생각을 분명하고 또렷하게 전달하는 것이라는 점을 잊지 마세요.

감정을 표현하고 싶지만 적절한 단어가 잘 안 떠올라요.

자기가 지금 느끼고 있는 감정을 말해 보라고 하면 흔히 '좋다, 싫다, 즐겁다, 슬프다' 정도로만 표현해요. 하지만 '망설여지다, 쑥스럽다, 아쉽다, 허전하다, 애틋하다, 답답하다, 뿌듯하다' 등 셀 수 없이 많은 감정들이 있어요. 그래서 평소에 내가 느끼고 있는 감정이 무엇인지 생각해 보고, 그에 어울리는 감정 표현을 연습해 보면 다양한 감정을 표현하는 일이 좀 더 쉬워질 거예요.

가치 있는 나 ❶
감정 표현 부자 되기

정현이와 시우는 로봇 축구 대회에 나갔어요.
작년에 이어 올해도 정현이가 우승을,
시우가 준우승을 했어요.

NO ▶

……

이번에도 내가 우승을 해서 시우가 싫어하는 것 같아.

OK ▶

우승을 못 해서 속상하지만, 네가 우승해서 정말 자랑스러워.

그렇게 말해 주니 한시름 놓인다. 난 내가 또 우승해서 네가 싫어하면 어쩌나 걱정했거든.

    아무리 친한 친구 사이라고 해도 자신의 감정을 솔직하게 말하지 못할 때가 있어요. 친구가 내 말에 상처를 받거나 나와 사이가 멀어질까 봐 선뜻 말하지 못하는 거예요. 하지만 내 감정을 솔직하게 표현해야 오히려 오해하는 일 없이 서로의 감정을 이해하고, 더 좋은 사이가 될 수 있어요.

엄마가 지유의 봄옷을 사 왔어요.
그런데 지유는 옷이 영 마음에 들지 않아요.

 엄마, 아빠, 할머니, 할아버지, 학교 선생님 등 웃어른에게는 감정을 쉽게 표현하지 못할 때가 있어요. 싫어도 좋은 척, 불편해도 괜찮은 척을 하며 감정을 숨기는 게 예의라고 생각해요. 하지만 공손하게 자신의 감정을 말하는 건 예의에 어긋나는 일이 아니에요. 어른들도 어린이의 솔직한 감정을 존중해 줄 거예요.

감정을 솔직하게 표현하는 방법

내 마음속 이야기에 귀를 기울이고 떠오른 감정을 표현해 보세요. 그렇게 표현하는 행동은 자신을 이해하는 데 큰 도움이 되고, 마음을 편안하게 할 거예요. 더 나아가 자기 자신을 사랑할 수 있게 되지요. 그런데 감정을 표현하는 방법을 모르겠다고요?

처음엔 누구나 어려울 수 있어요. 하지만 다양한 감정의 표현을 알아보고 여러 가지 방법으로 꾸준히 연습하면 누구라도 감정 표현 부자가 될 수 있어요.

다양한 감정 표현 알아보기

♥ 긍정적인 감정 표현 ♥		❀ 부정적인 감정 표현 ❀	
편안하다	반갑다	따분하다	울쩍하다
후련하다	다행스럽다	두렵다	억울하다
행복하다	훈훈하다	허탈하다	불쾌하다
정겹다	뿌듯하다	답답하다	불안하다
흐뭇하다	설레다	서럽다	원망하다
다정하다	기쁘다	뚱하다	못마땅하다
재미있다	신난다	화나다	괴롭다
즐겁다	벅차다	불행하다	우울하다

내 감정을 표현하는 여러 가지 방법

① 일기를 써 보자

② 감정 카드를 만들어 붙여 보자

③ 그림을 그려 보자

 발타사르 그라시안이 들려주는 세상을 보는 지혜

내 주변에는 어떤 사람들이 있나요? 엄마, 아빠, 언니, 오빠, 형, 누나, 동생과 같은 가족이 가장 먼저 떠오를 거예요. 또 친구, 친구의 부모님, 옆집 아주머니, 윗집 아저씨, 학교 선생님, 학원 선생님, 편의점 주인 등 수많은 사람과 어울리며 살고 있어요. 이 세상은 나 혼자 살아가는 게 아닌 만큼 주위 사람과 잘 지내는 일도 중요하지요.

이렇게 나와 관계를 맺고 있는 사람들과 잘 지내기 위해서는 '예절'이 밑바탕 되어야 해요. '예절'이라고 해서 어려운 게 아니에요. 일상생활 속에서 마땅히 지켜야 할 상대방을 향한 '존중'이라고 생각하면 어렵지 않아요.

상대방에게 건네는 말 한마디에, 사소한 행동 하나에 소중한 나를 대하듯 조심스럽게 배려를 담아 보세요. 내가 상대방을 높이면 마치 거울처럼 상대방도 나를 높여 줄 거예요. 특히 가까운 사이일수록 조금 더 배려하고, 양보해 보세요. 서로의 얼굴에 미소가 번질 거예요.

부모님과 친구처럼 지내고 싶어요. 예의가 필요할까요?

요즘은 부모님들도 자녀와 편하게 말을 주고받고 친구처럼 지내는 경우가 많아요. 하지만 내 속마음을 터놓고 친근하게 지낸다고 해서 어른에 대한 예의를 놓친다면 부모님은 무시 받는 듯한 느낌이 들어 마음이 상할 수도 있어요.

아무리 친구 같아도 부모님은 친구와는 달라요. 우리 집의 어른인 부모님을 존중하며 예의를 갖춘 행동을 한다고 부모님과 멀어지는 것은 아니랍니다. 😊

가치 있는 나 ❷
근사한 내가 되는 예절 마법

새집으로 이사 온 첫날에 엄마와 재활용 쓰레기를 버리러 나간 도영이가 아파트 경비 아저씨를 만났어요.

NO →
- 앗, 처음 보는 낯선 어른……
- 왜 숨니? 어른에게 인사 드려야지.

OK →
- 처음 보는 낯선 어른!
- 안녕하세요, 저 오늘 새로 이사 왔어요.
- 인사를 참 잘하는구나. 반갑다.

부끄러워서 혹은 낯을 가려서 어른에게 인사하기를 주저했나요? 마음속으로 인사를 할까 말까 고민하는 사이 어른이 휙 지나가 버린 적도 있지요? 모르는 아이에게 인사를 받았다고 화내는 어른은 없으니, 고민하지 말고 어른을 보면 큰 목소리로 "안녕하세요." 하고 인사해 보세요. 한 번 하고 나면 그다음부터는 쉬울 거예요.

어른도 다른 사람의 도움이 필요할 때가 있어요. 잘 알고 있는 어른에게 생긴 어려움에 내 힘을 보태어 보는 건 어떨까요? 작은 힘이라 도움이 안 될 것 같다고요? 예의 있는 어린이의 작은 힘은 어른의 마음에 큰 울림을 준답니다.

말투와 몸가짐을 예의 바르게!

어른에 대한 예의

한 살 어린 동생이 내 이름을 마구 불러 댄다면 어떨 것 같나요? 무척 기분이 나빠서 콧김이 씩씩 나올 거예요. 마찬가지로 어른을 대할 때 존경의 마음을 담아 예의를 갖춰 보세요.

- 어른에게 높임말을 쓰는 건 기본 중의 기본!

- 어른에게 인사할 때는 두 손을 앞으로 모으고 허리를 숙이며 공손하게 인사하기

- 식사 시간에는 어른에게 먼저 권하기!
- 실례되는 말은 하지 않기

친구에 대한 예의

어른에게만 예의를 갖춰야 하는 건 아니에요. 친구 사이에도 갖추어야 할 예의가 있어요. 편하다고 조심하지 않고 마음 내키는 대로 마구 대하다가는 나와 친구의 사이가 멀어질 수 있어요.

- 친구를 만나면 살짝 손을 들고 웃으면서 인사하기

- 어려운 상황에 처한 친구를 봤다면 도움을 주거나 배려의 말하기
- 친구라고 그냥 넘어가지 말고 고마움과 미안함을 말로 표현하기

- 친구가 나보다 조금 못해도 무시하지 않기

발타사르 그라시안이 들려주는 세상을 보는 지혜

학교에 다니는 여러분은 매일 숙제도 있고, 챙겨야 할 준비물도 있어요. 또 피아노, 바이올린, 태권도 등 무언가를 배운다면 그때그때 집에서 연습도 해야 해요. 그런데 오늘 해야 하는 일을 미루고 놀이터에 나가 놀거나 친구네 집에 가서 논 적이 있을 거예요. 그럴 때는 신나게 논다고 해도 마음이 편하지만은 않아요. 나중에 할 일을 다 하지 못할까 봐 노는 내내 마음 한구석이 조마조마하고, 걱정하게 되거든요. 그러다 결국 시간이 닥쳐서 할 일을 급하게 하거나 또 아예 하지 못할 수도 있어요.

미국의 정치가이자 과학자인 벤저민 프랭클린은 "오늘 할 수 있는 일을 내일로 미루지 말라."는 말을 했어요. 자신이 해야 될 일을 미루지 않고 하루를 알차고 보람차게 보내는 일이야말로 나를 더 나은 사람으로 성장시키는 방법이라고 생각했던 거예요.

벤저민 프랭클린

"이것부터 하고, 저것부터 하고."라고 말하면서 자신의 할 일을 자꾸 미루지 말고, 오늘은 할 일을 먼저 다 끝내 놓고 홀가분한 마음으로 지내 보세요. 완전 다른 기분으로 보내는 시간이 될 거예요.

학교에 갔다 오면 먼저 쉬고 싶어요. 쉬다 보면 또 하루가 금세 지나가고요.

할 일을 제때 하지 않으면 "진작에 할걸." 하면서 후회를 하게 돼요. 심하면 자신이 한심하다고 느끼기도 하지요. 학교에서 돌아와 힘이 들면, 내가 정해 둔 시간만 잠시 쉰 다음에 오늘 할 일이 무엇인지 정리해서 차근차근 해 나가면 돼요. 할 일을 내일로 미루지 않는 사람은 많은 일을 이룬 것이나 마찬가지랍니다. 🙂

2장 나를 가치 있게 만드는 네 가지 방법　43

가치 있는 나 ❸
할 일을 미루면 안 돼!

하교해서 집에 온 서연이는 숙제를 먼저 할지, 지금 놀이터에 나가 친구들과 놀지를 두고 고민에 빠졌어요.

낮에는 실컷 놀고 잠자리에 들기 직전인 밤늦은 시간에 숙제를 하려면 정말 하기 싫지요? 하루 종일 체력을 많이 쓴 데다 졸린 시간이라 집중력이 떨어지니까요. 그날 해야 할 일을 미루다 늦게 하면 그만큼 몸도 마음도 힘들어지지만 미루지 않고 해 놓으면 몸도 마음도 한결 편해지지요.

소유는 새 학기부터 매주 수요일마다 학습지 선생님과 공부를 하기로 했어요. 일주일 치 학습지를 매일 나눠서 하는 게 좋을지, 한꺼번에 하는 게 좋을지를 고민 중이에요.

NO →
"수요일 아침에 일주일 치를 한꺼번에 하면 돼."
→ "으으, 한 번에 하려니까 너무 힘들어."

OK →
"매일 두 장씩 해야지." 좋았어.
→ "두 장이니까 오 분밖에 안 걸리네." 끝!

　매일 하는 학습지는 양이 적어서 생각보다 시간이 짧게 걸려요. 그런데 이걸 미뤄서 한꺼번에 하려고 하면 매일매일 조금씩 하는 시간보다 훨씬 많은 시간이 걸리지요. 하기 싫은 마음의 괴로움이 더해졌기 때문이에요.

할 일을 미루지 않으려면

하루에 많은 일을 한꺼번에 다 하려고 하면 무엇부터 해야 하는지 막막하게 느껴져요. 그럴 때는 차분하게 앉아서 오늘 내가 해야 하는 일이 무엇인지 천천히 생각해 보세요.

자신에게 주어진 할 일을 미루지 않고 해내는 경험을 한 번이라도 하면 성취감을 맛보게 돼요. 그리고 그 성취감이 쌓여 자신감을 얻게 되지요. 그래도 아직 시작이 어렵다고요? 아래에 소개된 세 가지 방법을 실천하면서 할 일을 멋지게 해내는 여러분이 되어 보세요.

할 일 적어 보기

이번 주에 할 일, 오늘 할 일이 무엇인지 파악하여 목록을 적어 보세요. 이때 가장 우선으로 해야 할 것이 있으면 맨 앞으로 옮겨 적거나 별표를 달아 두면 좋아요.

습관 만들기

매일 내가 해야 될 일을 제시간에 하면서 습관을 만들어 보세요. 학교에 갔다 오면 바로 책 한 권 읽기, 오후 3시에는 숙제하기, 저녁 먹고 나서 역사 퀴즈 풀기 등 일정한 시간이 되면 다른 일을 제쳐 두고 정해 놓은 일을 무조건 하는 거예요. 습관이 생기면 해야 할 일을 하는 것이 훨씬 수월할 거예요.

스스로를 격려하기

'오늘부터 미루지 않고 할 일을 꼭 해야지.'라고 다짐을 해도 실천이 잘 안 될 수도 있어요. 그럴 땐 큰 목소리로 "나는 할 수 있어!"라고 말해 보세요. 스스로 의지가 솟아날 수 있게 북돋아 줄 거예요. 또 할 일을 다 한 다음에는 "오늘도 잘했어!"라고 스스로를 칭찬해 주세요.

발타사르 그라시안이 들려주는 세상을 보는 지혜

역사상 가장 위대한 과학자로 꼽히는 물리학자 알베르트 아인슈타인이 가장 존경한 인물은 전자기 유도를 발견하고, 전기 분해에 관한 법칙을 세운 마이클 패러데이라는 과학자예요. 아인슈타인은 자신의 연구실 벽에 과학자 패러데이의 초상화를 걸어 둘 정도였지요. 패러데이가 연구하여

알베르트 아인슈타인

발견한 전기와 자기의 연관성은 아인슈타인이 상대성 이론을 정립하는 데 큰 영향을 끼쳤어요. 아인슈타인은 과학 분야에서 으뜸이 되는 패러데이를 본받아 훌륭한 과학자가 될 수 있었던 거예요.

내가 관심 있는 분야의 인물, 역경을 딛고 꿈을 이룬 인물, 용기와 지혜로운 삶을 산 인물, 훌륭한 성품을 가진 인물 등 내가 본받고 싶은 인물을 정해 보세요. 한 명도 좋고, 두 명, 세 명도 좋아요. 닮고 싶은 사람에 대해 알아보고 닮고자 노력하다 보면 어느덧 나도 그 사람과 비슷한 마음과 기질을 갖게 돼요. 내 가치관을 형성하거나, 내 꿈을 이루고, 내 삶을 발전시킬 수 있지요.

또 본받고 싶은 인물을 정하는 것에 그치지 말고, 그보다 앞서는 사람이 되려고 노력해 보세요. 결과는 아무도 모르는 일이랍니다.

꼭 역사 속 인물만 본받아야 하나요? 전 우리 할머니를 본받고 싶어요.

본받을 수 있는 대상을 꼭 역사 속에서만 찾을 필요는 없어요. 내 주위에 있는 모든 사람이 그 대상이 되지요. 그 사람이 부모님이나 선생님, 친구일 수도 있어요. 내게 도움이 되고, 본보기가 되는 사람은 누구든지 본받을 만한 멘토로 정할 수 있어요. 🙂

가치 있는 나 ④
본받을 만한 이상형 만들기

국어 시간에 위인전을 읽고 본받을 만한 인물을 정하여 발표하는 시간을 가졌어요. 우연이는 이순신 장군을 본받고 싶다고 말했어요.

NO →
- 왜 그 인물을 정했나요?
- 그냥 멋있어서요.
- 이유가 좀 더 구체적이면 좋겠어요.
- 사소한 것이라도 좋으니 생각해 보세요.

OK →
- 나라를 위해 적과 맞서 싸우는 모습에서 충성심과 용기를 본받아야겠다고 생각했어요.
- 우연이는 이순신 장군의 용기 있는 모습을 본받고 싶었군요.

본받고 싶은 인물이 있다면 구체적으로 어떤 점이 본받을 만했는지 생각해 보세요. 막연하게 '멋있어서, 좋아서'와 같은 이유보다는 그 인물의 어떤 점을 본받고 싶은지를 파악하는 것이 중요해요.

본받을 인물을 발표하고 난 뒤 오성이와 승주가 자신이 존경하는 인물에 대해 이야기를 나누고 있어요.

본받을 만하다고 생각되는 인물이 모두 같을 수는 없어요. 친구가 정한 인물이 내 생각과 다르다고 해서 무시하거나 조롱하기보다는 그 의견을 존중해야 해요.

닮고 싶은 사람을 정해 보자!

훌륭한 업적이 빛나는 역사 속 위인

어려움 속에서도 용기를 잃지 않고 위대한 업적을 이룬 위인들의 삶은 우리에게 큰 울림을 주어요. 역사 속 훌륭한 인물들의 말, 행동, 생각 등을 살펴보는 것만으로도 내 마음이 풍요로워지는 것을 느낄 수 있어요.

끝까지 포기하지 않는 스포츠 선수

전 세계인이 모여 겨루는 올림픽을 보면 극한 상황에서도 포기하지 않고 끝까지 승부를 겨루는 모습을 볼 수 있어요. 우리는 선수들의 열정적인 모습에서 감동을 받아요.

격려와 가르침을 주는 학교 선생님

선생님이 우리에게 가르쳐 주는 것은 교과 공부만이 아니에요. 학습 태도, 생활 습관, 친구 관계 등 많은 영역에서 격려와 가르침을 주지요. 선생님의 헌신적인 가르침은 우리를 성장하게 해요.

따뜻한 사랑이 무엇인지 보여 주는 부모님

무조건적으로 나를 응원하고, 사랑해 주는 부모님의 따뜻한 성품에서 참된 사랑이 무엇인지 배울 수 있어요.

03장 친구와 잘 지내는 다섯 가지 방법

가족 말고 나와 가장 가깝게 지내는 사람을 꼽으라면 단연 '친구'가 첫 번째이지요. 때로는 속마음을 터놓기도 하고, 기쁜 일과 슬픈 일이 있으면 함께 나누기도 해요. 그런 친구와 오래도록 잘 지내고 싶지 않나요?
이 책에 소개하는 친구와 잘 지내는 다섯 가지 방법만 알고 있으면 친구와 싸우는 일 없이 좋은 관계를 유지할 수 있어요. 지금 곁에 있는 친구와 더욱 잘 지내고 싶다면 책장을 넘겨 확인하세요.

- ✅ 기분 좋은 대화가 필요해!
- ✅ 부메랑 같은 호의
- ✅ 나를 위한 조언 귀담아듣기
- ✅ 다른 사람 험담은 NO!
- ✅ 정정당당하게 겨루기

발타사르 그라시안이 들려주는 세상을 보는 지혜

여러분은 하루 중 누구와 가장 많은 대화를 나누나요? 이 질문에 많은 어린이가 "친구요."라고 대답할 거예요. 대화는 나 혼자 하는 것이 아니라 둘 이상이 있어야만 가능해요. 상대방의 기분을 상하지 않게 하면서 유쾌한 대화를 나누기 위해서는 올바른 대화법이 필요하지요.

어떤 대화가 좋은 대화일까요? 좋은 대화는 상대방의 말을 귀 기울여 듣는 것에서부터 시작돼요. 내 얘기가 더 재미있다고 해서 내 말만 하면 상대방은 자신을 무시하는 듯한 인상을 받고 더는 나와 이야기하고 싶지 않을 거예요.

평생 가난하고 병든 사람들을 돌본 마더 테레사 수녀는 "친절한 말은 짧고 말하기 쉽지만 그 울림은 진정으로 끝이 없다."고 말했어요. 상대방을 향한 친절한 말은 그리 거창한 게 아니에요. 아주 짧은 말일지라도 내 진심을 담은 한마디 말이면 상대방에게 감동을 줄 수 있지요.

마더 테레사

여러분은 오늘 친구에게 어떤 말을 건넸나요? 혹시 친구가 나와 친하다고 생각되어 아무 말이나 편하게 하고 상처가 되는 말을 하지는 않았나요? 친구와 대화를 할 때는 유창함보다는 신중함이 더 중요해요. 한 번 내뱉은 말은 주워 담을 수 없으니까요. 말하고 나면 되돌릴 수 없다는 사실을 꼭 기억하세요.

친구와 대화할 때 자꾸 딴생각을 해요. 어떻게 하면 좋을까요?

내가 관심 있는 주제가 아니면 친구와의 대화가 재미없어서 집중을 못 할 수 있어요. 이야기를 나누는 중에 다른 곳을 쳐다보거나 딴짓을 한다면 친구의 기분이 나쁠 거예요. 내가 친구 입장이었으면 그랬을 테니까요. 그럴 땐 친구와의 대화에서 생긴 궁금한 점을 물어보세요. 서로 기분이 상하지 않으면서 대화를 이어 나갈 수 있는 방법이랍니다. 🙂

친구와 잘 지내기 ①
기분 좋은 대화가 필요해!

미술 시간에 짝과 같이 색종이를 오려 붙이는 활동을 했어요. 채윤이가 색종이를 잘라 선유에게 주었어요.

NO →

야, 여기 붙여.

→ 뭐야, 왜 나한테 명령이야?

OK →

내 생각에 여기에 붙이면 좋을 것 같아. 너는 어때?

→ 그래. 나도 좋아.

퉁명스럽게 말하면 아무리 친한 친구라도 기분이 상하고, 자칫 오해를 불러일으킬 수도 있어요. 내가 먼저 상냥한 말투로 말을 건네 보세요. 기분 좋은 대화가 끝없이 이어질 거예요.

대화를 하면서 고개를 끄덕이고, 따뜻한 위로의 말을 건네는 것은 상대방의 마음에 공감하고 있다는 걸 드러내는 행동이에요. 친구는 내가 진심으로 자신의 말을 들어 준다는 느낌을 받아요.

상대방을 생각하는 대화의 기술

어떤 사람은 친구와 이야기를 주고받는 일이 너무나 즐겁고 행복해요. 하지만 어떤 사람은 친구와 말만 하면 싸우게 되는 바람에 대화를 하고 싶지 않을 수도 있어요. 두 사람의 차이점은 무엇일까요?

좋은 대화를 이어 나가기 위해서는 몇 가지 대화의 기술이 필요해요. 나는 대화의 기술을 몇 개나 실천하고 있는지, 또 잘못하고 있지는 않은지를 체크해 보세요.

이렇게 하면 OK

- ☑ 친구와 눈을 마주치며 미소 짓기
- ☑ 친구의 말에 귀 기울이기
- ☑ 적절히 맞장구치기
- ☑ 감탄사를 섞어 말하기
- ☑ 긍정적으로 말하기

이렇게 하면 NO

- ☑ 친구의 말을 가로채기
- ☑ 손톱을 물어뜯거나 몸을 좌우로 흔들기
- ☑ 비속어나 욕설 섞어 말하기
- ☑ 갑자기 화제 바꾸기
- ☑ 부정적으로 말하기
- ☑ 혼자 말하기

나쁜 X야!

그건 내가 더 잘 알아.

이것도 못하면서 뭘 하겠다는 거니?

 발타사르 그라시안이 들려주는 세상을 보는 지혜

미국의 제16대 대통령을 지낸 에이브러햄 링컨은 대통령 후보 시절에 상대편 후보로부터 "당신은 두 얼굴을 가진 이중인격자야."라는 말을 들었어요. 하지만 링컨은 차분한 어조로 "내가 정말 두 얼굴을 가졌다면, 이 중요한 자리에 왜 하필 이 못생긴 얼굴을 들고 나왔겠습니까?"라고 말했고, 지켜보던 청중은 링컨의 유머에 웃음을 터트리며 그에게 호의를 보였지요.

에이브러햄 링컨

호의를 얻으면 호평이 따라와요. 나를 잘 모르거나 싫어했던 사람일지라도 나를 긍정적으로 생각하게 돼요. 링컨은 자주 유머를 구사하면서 많은 사람의 호의를 얻었고, 그들의 지지로 대통령에 당선될 수 있었어요.

유쾌한 성격으로 친절하게 다가가며 호의를 베푸는 사람은 다른 사람에게 호감을 얻기 쉬워요. 웃는 얼굴로 상냥하게 말하는데 싫어할 사람은 없겠지요.

오늘 친구에게 호의를 베푼 일이 있나요? 아니면 나에게 호의를 베풀었던 친구가 있나요? 어느 쪽이 되었든 호의를 베푼 사람과 받은 사람 모두 마음 따뜻한 하루가 되었을 거예요.

나한테 잘해 주는 친구에게만 잘해 주고 싶어요.

반대로 생각해 보세요. 그 친구 역시 자신에게 잘해 주는 사람에게 잘해 주고 싶지 않을까요? 나나 친구만 그럴까요? 누구라도 그럴 거예요. 그러니까 호의를 얻으려면 먼저 호의를 베풀어야 해요. 내가 먼저 친구에게 선한 행동과 말을 하고, 예의를 지키며 배려하면 친구 역시 나에게 호의를 보여 주지요. 🙂

친구와 잘 지내기 ❷
부메랑 같은 호의

민지와 하니는 보물 상자 만들기 활동을 하고 있었어요. 민지는 끙끙대는 하니를 도와주고 싶었지만 선뜻 말이 나오지 않았지요.

친구의 호의를 기다리지 말고 먼저 다가가서 호의를 베풀어 보세요. 먼저 마음을 보이는 게 쑥스럽고 어색해서 어려울 수 있지만 약간의 용기만 있으면 누구나 호의를 건넬 수 있답니다.

상우와 우현이가 학교 급식실에서 점심을 먹고 있었어요. 그런데 상우가 집으려던 소시지가 날아가 우현이의 옷에 떨어지고 말았어요.

친구가 잘못을 저질렀을 때 그 잘못을 지적하거나 무안을 주기보다는 "그럴 수도 있지. 나도 그럴 때가 있는걸." 하면서 이해해 보세요. 친구는 자신을 배려해 주는 속 깊은 마음씨에 감동받아 고마움을 느낄 거예요.

친구를 소중하게 대하는 마음

무슨 일이든지 노력하지 않으면 이루어지지 않는 것처럼 호의를 얻는 것도 마찬가지예요. 아무런 노력도 하지 않고 친구한테 호감을 얻기는 힘들지요. 내가 먼저 할 수 있는 노력은 바로 '친구를 소중하게 대하는 마음'을 가지는 것이에요. 너무 막연하다고요? 그렇다면 다음 방법을 기억해 두었다가 실천해 보세요.

친구를 사랑하는 마음 갖기

미워하고 싫어하는 마음보다 고맙고 기쁜 마음으로 친구를 대해 보세요.

재미있는 말이나 행동 보여 주기

즐겁고 유쾌한 성격은 친구들에게 호감 가는 인상을 줄 수 있어요.

친구의 이름 기억하고 불러 주기

친구의 이름을 친근하게 불러 보세요. 그것만으로도 나에 대한 생각이 달라질 수 있어요.

친구가 실수해도 너그럽게 이해하기

친구의 실수를 비난하지 말고, 넓은 마음으로 아량을 베풀어 봐요.

친구를 존중하는 태도 갖기

있는 그대로의 모습을 인정하고, 믿어 주는 자세가 필요해요.

 **발타사르 그라시안이 들려주는 세상을 보는 지혜**

　놀이터에서 놀다가 누군가 놓고 간 게임 카드를 주웠다고 가정해 보세요. 게임 카드를 친구에게 자랑하고 나서 주머니에 집어넣으려는데, 순간 친구가 다른 사람의 물건을 함부로 가져가면 안 된다고 말했어요. 이때 여러분이라면 어떻게 했을까요? 그리고 무슨 생각이 들었을까요? 친구의 말에 기분 나빠하며 그대로 카드를 가지고 집으로 돌아갔을까요? 아니면 친구의 조언을 듣고 게임 카드를 다시 제자리에 두었을까요?

　조언이 전혀 필요하지 않을 만큼 완벽한 사람은 없어요. 아무리 뛰어난 군주라도 다른 사람의 조언에 귀 기울여야 하는 법이지요. 사람은 누구나 실수를 하고, 한순간의 잘못된 판단으로 일을 그르칠 수도 있어요. 이럴 때 친구의 지혜로운 조언은 나의 잘못을 올바르게 고칠 기회를 얻게 하고, 내가 더 나은 선택을 하도록 도와줘요.

　친구 사이에 조언을 주고받는 일이 쉽지만은 않아요. 남에게 들키고 싶지 않은 부끄러운 부분, 자신의 잘못을 인정해야 받아들일 수 있는 것이 조언이니까요. 하지만 진정한 친구라면 마음껏 조언해 줄 수 있어야 하고, 또 기꺼이 그 조언을 받아들일 수도 있어야 해요.

친구의 조언이 듣기 싫은 소리라는 생각만 들어요.

친구가 나를 걱정해서 해 준 솔직한 말인데도, 나의 잘못을 지적하기 때문에 기분이 나빠질 수 있어요. 하지만 진심으로 건넨 조언은 나를 살펴보고 성장할 수 있게 해요. 당장 기분이 안 좋더라도 친구의 비판을 진정으로 받아들일 수 있는 자세가 필요하답니다. 🙂

친구와 잘 지내기 ❸
나를 위한 조언 귀담아듣기

동수는 피아노 학원에 가기 싫어서 학원을 빠지고 문구점에 갔어요. 문구점에서 마주친 오훈이가 엄마 몰래 학원을 빠졌으니 집에 가서 엄마한테 솔직히 말하는 게 좋겠다고 조언했어요.

NO

"네가 뭔데 이래라저래라야?"

"네 생각해서 해 준 말인데……."

OK

"맞아. 나중을 생각해서라도 엄마에게 솔직하게 말하는 게 낫겠지?"

"응. 나도 저번에 그런 적 있는데 솔직히 말하고 나니 훨씬 편하더라고. 괜찮아."

친구의 조언을 못마땅히 여겨 무시하기보다는 친구가 왜 나한테 그런 조언을 했는지 먼저 생각해 보세요.

강현이는 거절을 잘하지 못해서 친구가
해 달라는 일을 억지로 해 줬어요.
지아는 그런 강현이를 볼 때마다 안타까웠어요.

친구에게 조언을 들었다고 창피해하거나 부끄러워할 필요가 없어요. 친구도 내가 창피해하길 바라고 한 말이 아니라, 일을 해결하길 바라는 마음이니까요.

열린 마음으로 듣자!

어떤 일에 대한 생각은 각자 다를 수 있어요. 그런데 나와는 다른 생각을 가만히 듣고 있기가 힘들다고요? 다음과 같이 해 보세요.

다른 사람 말을 들을 때는 집중!

딴짓을 하거나 딴생각을 하면 온전히 그 내용을 파악할 수 없어요.

다른 사람이 하는 말에 공감하거나 질문하기

다른 사람의 말이 옳다고 생각되면 고개를 끄덕여 보세요. 만약 나와 생각이 다른 부분이 있다면 상대방은 어떻게 생각하는지 물어보는 것도 좋아요.

자신의 의견을 표현할 때는 상대방을 존중하면서

내 의견을 강요하거나 거친 말로 몰아붙이는 태도는 좋지 않아요. 상대방이 기분 나쁘지 않도록 상냥한 말투로 의견을 말해 보세요.

 이렇게 서로 다른 생각을 나누다 보면 생각지 못한 부분을 깨달을 수 있어요. 열린 마음으로 상대방의 생각을 듣고 존중해 주어야 해요.

발타사르 그라시안이 들려주는 세상을 보는 지혜

"쟤는 성격이 유별나.", "걔 봤어? 옷을 정말 이상하게 입고 다녀."

이런 말을 들을 때 여러분은 어떤 반응을 보이나요? 아니면 혹시 여러분이 이렇게 말한 적이 있나요?

내가 직접 상대방에게 충고를 하거나 도움이 될 만한 말을 하는 것은 '조언'이지만, 상대방의 나쁜 점을 들추어 다른 사람에게 전하는 것은 '험담'이에요. 친구의 성격이나 행동, 외모에 나타나는 부족한 점을 다른 사람에게 나쁘게 말하는 것은 좋지 못한 행동이에요. 그렇게 말한 내용은 한곳에 머물러 있지 않고, 여러 사람에게 옮겨지면서 더 크게 부풀려지고 자칫 사실과 다른 말이 퍼지다가 큰 싸움을 일으키기도 하지요.

고대 그리스의 시인 헤시오도스는 "남의 험담을 하면, 곧 당신의 험담이 돌아오게 된다."라는 말을 했어요. 험담은 모든 사람에게 상처뿐이라는 말이지요.

진심 어린 조언이 아니라, 단순히 겉모습이나 순간적인 인상에 대한 나쁜 말은 나에게도 상대방에게도 좋을 게 하나 없어요.

헤시오도스

말하면서 비밀로 하기로 약속한 험담도 하면 안 되나요?

'낮말은 새가 듣고, 밤말은 쥐가 듣는다'라는 속담이 있듯이 비밀도 언젠가는 다른 사람에게 알려지기 마련이에요. 그러니 처음부터 친구의 험담을 하지 않는 것이 가장 좋아요. 비밀이라며 귓속말로 속닥속닥 험담을 늘어놓는 친구가 있다면, 이렇게 말해 보세요. "우리 좋은 이야기를 큰 목소리로 나누자." ☺

친구와 잘 지내기 ④
다른 사람 험담은 NO!

주원이는 자기보다 축구를 잘하는 상우에게 질투가 났어요. 그래서 같은 축구팀 친구들을 모아 놓고 상우에 대해 얘기했어요.

친구가 나보다 잘한다고 해서 그 친구를 미워하고 친구의 흠을 찾아 깎아내리기보다는 친구가 어떤 방식으로 노력하는지, 친구에게 배울 점은 없는지를 생각해 보면 좋아요.

효린이는 미미가 천 원을 빌린 다음 갚지 않자 화가 났어요. 그래서 은영이에게 투덜거리며 불만을 늘어놓았어요.

친구와 나 둘 사이에 일어난 일인데, 그 일과 관련 없는 다른 친구에게 친구에 대한 불평을 늘어놓으면 다른 친구에게 그 친구에 대한 부정적인 선입견을 심어 줄 수 있어요.

나쁜 말은 듣지도 옮기지도 말 것!

험담이 시작됐다면 듣지 않겠다고 말하기

누군가 나에게 다른 친구에 대한 험담을 할 때 내가 가만히 듣고 있으면 그 험담에 동조하는 듯한 태도로 비쳐요. 그래서 험담을 시작했을 때 바로 듣지 않겠다고 말할 수 있는 용기가 필요해요.

어쩔 수 없이 들은 험담은 전하지 않기

어쩔 수 없는 상황에서 험담을 듣게 되는 경우가 있어요. 그럴 때는 들은 험담을 다른 사람에게 전하지 않는 게 좋아요. 험담의 대상이 되는 친구에게도 전하지 않는 것이 좋답니다.

채팅방이라면 방에서 나오기

여럿이 함께 대화를 나누는 단체 채팅방에서의 험담은 폭력이 될 수 있어요. 험담이 시작되었을 때 바로 말려서 못 하게 하거나 그게 안 된다면 채팅방에서 나오는 게 가장 현명한 방법이에요.

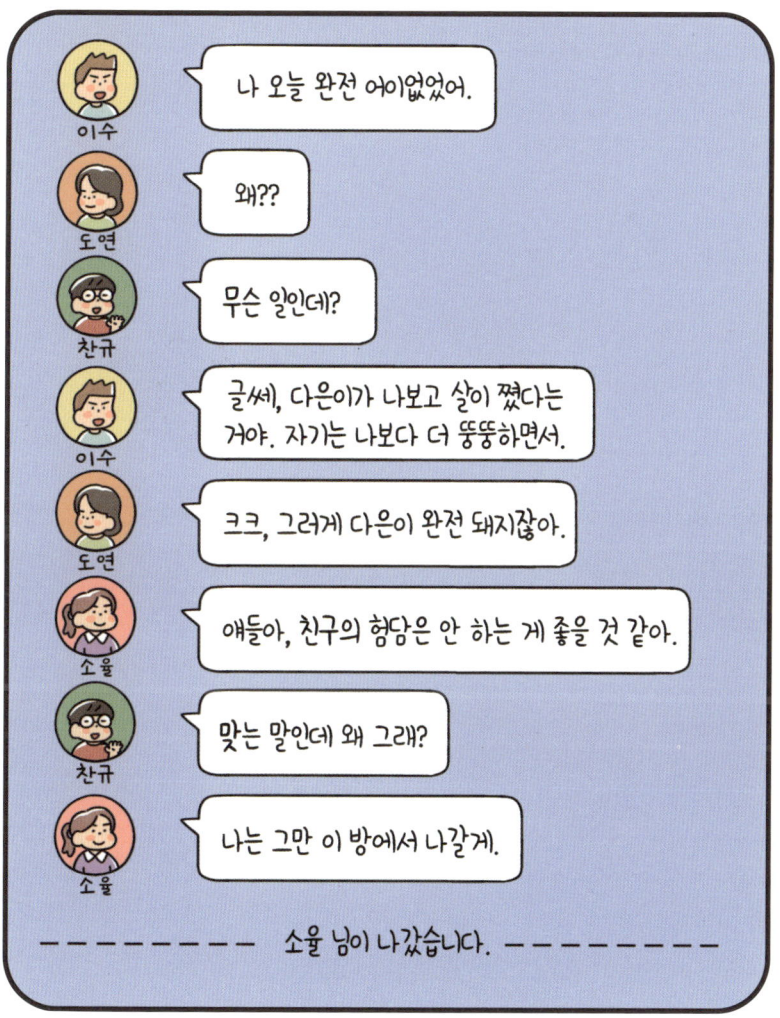

발타사르 그라시안이 들려주는 세상을 보는 지혜

학교에서 가을 운동회가 열렸어요. 이어달리기 경주가 시작되자 백팀, 청팀은 자기네 팀을 응원했지요. 운동장 트랙을 달리던 백팀의 두 번째 주자는 바짝 뒤따라오는 청팀의 두 번째 주자를 보았어요. 그 순간 청팀의 주자가 트랙 안쪽으로 치고 들어오며 백팀의 주자를 제치고 앞서 달리기 시작했어요.

엎치락뒤치락 반전이 거듭된 경기는 청팀의 승리로 끝이 났지요. 그런데 백팀의 두 번째 주자가 선생님께 청팀이 반칙을 했다고 알렸어요. 트랙에 그어진 선을 밟고 안쪽으로 들어갔다는 것이었어요. 선생님은 청팀의 두 번째 주자를 불러 물었어요.

"선을 밟고 트랙 안쪽으로 들어갔니?"

반칙을 한 두 번째 주자는 그 순간 '사실대로 말할까, 아니면 모르는 척을 할까?' 하고 고민을 했어요. 여러분이 만약 청팀의 두 번째 주자라면 어떤 대답을 할 건가요?

경쟁에서 떳떳하지 않은 방법으로 이긴다면 어떨까요? 반칙의 유혹을 이겨 내고 정정당당하게 겨룰 때에야 비로소 승패와 상관없이 결과에 만족감을 느낄 수 있답니다.

친구가 쩨쩨한 방법을 쓰면 저도 똑같이 하면 되지 않나요?

친구가 반칙을 한다고 나도 똑같이 하면 안 돼요. 자신이 쩨쩨하다고 했던 친구와 똑같아지는 거 아니겠어요? 그렇게 되면 겨루는 건 소용이 없어지지요. 친구와 겨루기 이전에 나 자신과 한 약속도 저버린 게 되고요. 나의 양심이 허락하지 않는 방법은 올바른 방법이 아니랍니다. ☺

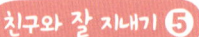
정정당당하게 겨루기

놀이터에서 술래잡기를 하다가, 지예와 우성이가 서로 술래다, 아니다 하며 실랑이가 벌어졌어요.

친구들과의 놀이에서 약속한 규칙은 모두가 지키는 게 좋아요. 놀이 규칙을 지키지 않고 마음대로 하면 다른 친구들이 불쾌함을 느끼고, 같이 놀고 싶지 않을 거예요.

2학기 반장 선거에 나연이와 유섭이가 후보로 나왔어요. 그런데 나연이가 더 인기가 많은 것 같아 유섭이는 불안해졌어요.

상대방을 헐뜯는 말을 해서 내가 이기는 것은 잘못된 방법이에요. 남을 비방하기보다는 나의 장점을 널리 알려 사람들의 마음을 끄는 것이 떳떳하게 겨루는 방법이랍니다.

최선을 다하고 결과에 승복하기

함께하는 놀이에서 어느 한 명이 규칙을 어기고 쉬운 방법을 쓰면 다른 친구들은 기분이 나쁘고, 더 이상 놀기가 싫어질 거예요. 승부를 다투는 경기도 마찬가지예요. 상대방이 얕은 꾀를 쓰거나 정당하지 않은 방법으로 겨룬다면 경쟁이 의미 없어지고 말아요. 어떤 상황에서든지 친구와 겨룰 때는 다음 세 가지 방법을 실천해야 해요.

잔꾀 부리지 않기

질 것 같아도 포기하지 않기

승패를 인정할 줄 알기

04장 세상을 지혜롭게 사는 다섯 가지 방법

> 매일 신나고 행복한 일만 일어나면 좋을 텐데 어느 날은 힘들고, 아쉽고, 화가 나기도 해요. 또 친구와의 관계에서도, 가족과의 관계에서도 어려움을 겪을 때가 많지요. 어쩌면 우리는 그런 어려움을 극복하면서 조금 더 성장하는지도 몰라요. 하지만 다음에서 소개하는 세상을 지혜롭게 살아가기 위한 다섯 가지 방법을 알고 있으면 조금 더 쉽고, 조금 더 유연하고, 조금 더 의미 있게 하루를 보낼 수 있어요.

* 마구마구 칭찬하자!
* 누군가 나를 보고 있다!
* 결점은 눈감고, 장점은 눈 크게
* 잘난 척은 금물
* 정중한 부탁, 현명한 거절

 **발타사르 그라시안이 들려주는 세상을 보는 지혜**

젊은 나이에 종합 제철 회사인 유나이티드 스테이츠 스틸의 사장이 된 찰스 슈와브는 자신의 가장 큰 자산은 사람들의 열의를 불러일으키는 능력이라고 했어요. 함께 일하는 사람에게 꾸중을 하거나 비판을 하기보다는 그 사람의 장점을 찾아 칭찬과 격려를 하면 더욱 열심히 일하고 일의 능률이 오른다는 거예요. 이처럼 칭찬은 듣는 사람을 기분 좋게 하고, 기운을 북돋우는 힘이 있어요.

상대방에 대한 칭찬은 그 사람에게 관심을 가지고 있다는 뜻이기도 해요. 그 사람에 대해서 아무것도 모르는데 칭찬할 수는  없으니까요. 상대방의 행동, 모습, 장점 등을 유심히 보아야만 진심에서 우러나온 칭찬을 할 수 있지요.

내 주변 사람에게 오늘 하루 있었던 일 중 칭찬할 만한 점을 찾아 말해 보세요. 또 처음 만난 사람, 사이가 서먹한 사람, 오래 알고 지냈지만 친하지 않은 사람이 있다면 그 사람을 칭찬하면서 관계를 시작해 보세요. 칭찬 속에서 오고 가는 긍정의 에너지는 모두를 밝고 건강한 관계로 만들어 준답니다.

억지로 하는 칭찬도 효과가 있나요?

거짓으로 칭찬을 늘어놓는 것은 상대방 마음에 가 닿지도 않을 뿐더러 사이를 더 나빠지게 할 수 있어요. 듣는 사람도 자신한테 하는 칭찬이 억지라는 것을 알게 되면 기분이 나빠질 거고요. 남에게 잘 보이려고 알랑거리는 말도 마찬가지예요. 어떤 말이든지 진심이 담기지 않으면 상대방의 마음을 움직이는 효과를 기대할 수 없는 법이지요.

지혜롭게 사는 방법 ❶
마구마구 칭찬하자!

어제 오후에 수민이는 형서가 할머니에게 길을 알려 주는 모습을 보았어요. 다음 날 학교에서 수민이는 형서를 칭찬하고 싶었지만 입이 떨어지지 않았어요.

친구에게 칭찬할 일이 있으면 망설이지 말고 말해 보세요. 친구도 기분이 좋아지고, 내 마음도 뿌듯해져요.

장기자랑에서 춤을 춘 원영이에게 유림이가 춤을 잘 춘다고 칭찬해 주었어요. 그 말을 들은 원영이의 어깨가 으쓱 올라갔지요.

칭찬을 들었을 때 우쭐하기보다는 칭찬해 준 상대방에게 고맙다고 표현해 주는 게 좋아요. 내가 칭찬을 겸손하게 받아들일수록 상대방은 나를 더욱 칭찬해 주고 싶어 해요.

칭찬하는 방법

두 눈 크게 뜨고 칭찬거리 찾기

- 상대방의 장점

- 잘하는 것

- 축하할 일

- 열심히 노력하는 모습

알고 있으면 좋을 칭찬하는 방법

- **진심을 담아 칭찬한다**

- **구체적으로 칭찬한다**

- **상냥하고 다정한 말투로 칭찬한다**

발타사르 그라시안이 들려주는 세상을 보는 지혜

'법 없이 살 사람'이라는 말은 마음이 곧고 착하여 법의 규제가 없어도 나쁜 짓을 하지 않는 사람을 뜻해요. 이렇게 법 없이 살 수 있는 사람만 있으면 우리 사회는 아주 건강하게 돌아갈 거예요.

하지만 인간은 아무도 자신을 보지 않을 때 자신의 편의를 위해서 법을 어기기도 해요. 그것이 잘못된 일이라는 것을 알고 있으면서도 말이에요. 길에 몰래 쓰레기 버리기, 무단횡단하기, 새치기하기 등의 '양심'을 저버리는 일을 저질러요.

꼭 법이 아니더라도 일상생활에서 옳고 그름을 판단하는 것은 매우 중요해요. 그러나 순간순간 내 생각과는 다른 판단을 해서 양심에 가책을 느낄 때가 있어요. 어떻게 하면 우리는 '양심'이라는 단어를 떠올리지 않고 매사에 떳떳한 모습으로 살아갈 수 있을까요?

바로 남들이 나를 보고 있는 것처럼 행동하는 거예요. 남들이 보고 있거나, 볼 것으로 생각하면 신중해지지요. 그래서 혼자 있을 때도 마치 온 세상이 지켜보는 것처럼 생각하며 행동하는 거예요. 나의 행동에 신중함을 더하면 창피하거나 부끄러운 일을 하지 않을 수 있지요.

언제, 어디서나 남의 눈치를 보고 행동하라는 말인가요?

다른 사람의 눈치를 살펴 내 행동에 제약을 둔다는 의미가 아니에요. 내 마음에 거리낌이 없는 행동을 하기 위해서 가상의 시선이 나를 향하고 있다고 생각하는 것이지요. 줄넘기할 때 친구가 나를 보고 있으면 더 잘하고 싶잖아요. 그런 의미 정도로 생각하면 좋겠어요. 🙂

지혜롭게 사는 방법 ❷
누군가 나를 보고 있다!

극장에서 음료수를 마시며 영화를 보던 수현이는 손이 미끄러져 음료수를 바닥에 쏟고 말았어요. 주변을 둘러보니 다들 영화에 집중하느라 아무도 수현이를 보지 못했어요.

아무도 안 보고 있었다고 해도 내 실수로 다른 사람이 불편을 겪을 수도 있어요. 가능하면 내 실수는 그 자리에서 내가 해결해야 해요. 나 몰라라 하는 태도는 좋지 않아요.

수학 문제집 두 쪽씩을 풀어야 하는 숙제가 있어요. 마침 혼자 있던 정우는 모르는 문제를 맞닥뜨리자 슬쩍 답안지를 집어 들었어요.

공부를 하다가 모르는 문제를 만났을 때 어떻게 하나요? 여러 각도로 고민해 보면서 혼자 풀려고 노력해 보세요. 그래도 모르겠으면 부모님이나 선생님에게 물어봐요. 답안지나 해설지를 보고 문제를 풀었다면 그 지식이 내 것이 되기는 어려워요.

말과 행동을 조심하자!

여러 사람과 함께 있으면 저도 모르게 외모가 괜찮은지 신경 쓰기 마련이에요. 얼굴에 속눈썹이 떨어져 붙어 있지는 않은지, 이빨에 음식물이 끼어 있지는 않은지, 입고 있는 옷에 얼룩이 묻어 있지는 않은지 계속해서 세심하게 살피지요. 외모뿐만 아니라 말투와 행동도 다른 사람과 있을 때는 조심하려고 노력해요. 그런데 나 혼자 있거나 모르는 사람들 속에 있으면 마음이 해이해지면서 몸가짐이 흐트러지기 마련이에요. 아무도 나를 보지는 않지만 나의 외모와 말투와 행동, 그리고 마음까지도 올곧게 할 수 있는 비법은 무엇일까요?

고운 말을 사용하자

- 어른에게 공손하게 말하기
- 형제자매에게 다정하게 말하기
- 친구에게 배려하며 말하기
- 선생님께 예의 있게 말하기

행동을 올바르게 하자

- 경솔하게 행동하지 않기
- 양심을 저버리는 일 하지 않기
- 해야 할 일 제때 하기

부드러운 마음을 갖자

- 긍정적으로 생각하기
- 기분 좋은 감정 떠올리기
- 여유로운 시각으로 바라보기
- 화가 날 땐 심호흡하기

내가 하는 말을 누가 듣고 있다고 생각해 보고,

내가 하는 행동을 누가 보고 있다고 생각해 보자!

 **발타사르 그라시안이 들려주는 세상을 보는 지혜**

공부도 잘하고, 운동도 잘하고, 노래도 잘하고, 성격까지 좋은 사람이 있을까요? 설령 모든 면에서 뛰어난 사람이 있다고 해도 그 사람에게도 숨기고 싶은 결점이 하나쯤은 있어요. 그런데 결점만 콕 집어 그 사람의 전부인 듯 말하면 어떨 것 같나요?

어떤 사람은 다른 사람의 결점을 찾아내 헐뜯거나 비난하고 부풀려서 떠벌려요. 남의 결점으로 내 흠을 덮으려고 하는 사람도 있고요. 하지만 지혜로운 사람은 다른 사람의 결점뿐 아니라, 자신의 결점도 모른 척하고 절대 드러내지 않아요.

세계 최고의 극작가인 윌리엄 셰익스피어는 "친구라면 친구의 결점을 참고 견뎌야 한다."고 말했어요. 또 《인간관계론》을 쓴 데일 카네기는 "남에 대한 험담을 하거나 남을 절대 깎아내리지 말라. 남을 높이면 나도 높아지고 남을 낮추면 나도 낮아진다."라고 말

윌리엄 셰익스피어

했지요. 두 사람이 공통적으로 말하는 것은 '친구의 결점을 덮고, 장점을 찾으라.'는 거예요. 우리가 친구를 대하고, 주변 사람을 대할 때 반드시 가져야 할 마음가짐이지요.

친구의 좋은 점을 못 찾을 땐 어떻게 하나요?

먼저 매사에 좋은 점을 발견하는 훈련을 해 보세요. 아침에 먹은 음식, 학교생활, 공원에서의 산책 등에서 좋은 점을 찾아 느껴 보는 거예요. 그런 다음 그 방식을 친구에게 적용해 보세요. 다양한 관점에서 친구를 바라보면 아주 사소하더라도 장점이 보일 거예요. 🙂

지혜롭게 사는 방법 ❸
결점은 눈감고, 장점은 눈 크게

세준이가 태유에게 만우절 거짓말로 장난을 쳤어요.
뻔한 거짓말에 속은 태유가 우혁이는 못마땅했어요.

NO →
- 넌 너무 잘 속아. 만우절 거짓말이잖아.
- 난 진짜인 줄 알았지.
- 첫, 나만 속은 것도 아닌데…….

OK →
- 세준이의 장난이라도 친구를 믿어 주는 너의 마음이 좋아.
- 좋게 봐 줘서 고마워.

결점을 지적하기보다 결점이라고 생각되어도 좋은 쪽으로 생각해 보려 노력해 보세요.

수연이는 까칠한 성격에 말투가 차가운 재아와 친하지 않아요. 그런데 체육 시간에 재아가 인호를 도와주는 모습을 보게 되었지요.

한두 가지 나쁜 점으로 그 사람을 단정 지으려 하지 마세요. 평소에 마음에 들지 않던 친구라도 생각지 못한 좋은 점을 발견할 수 있으니까요.

친구의 장점을 찾으려면

아무렇지도 않던 친구의 결점이 어느 날은 굉장히 크게 다가오기도 해요. 내가 느낀 친구의 결점 때문에 사이가 멀어질 수도 있지요. 친했던 친구라면 자꾸만 멀어지는 사이가 신경 쓰일 거예요. 그럴 때 결점보다 장점을 보려고 해 보세요. 다음에 제시된 구체적인 방법으로 연습한다면 누구와도 사이좋은 친구 관계를 만들 수 있어요.

다른 관점에서 친구 바라보기

내가 알지 못했던 부분 중에서 친구의 좋은 점을 발견할 수 있어요. "오, 이런 면이 있었구나." 하고 친구를 다시 보게 될 거예요.

친구의 결점을 있는 그대로 인정하기

"그럴 수도 있지."라고 생각하면 그렇게 싫어질 이유도 없어요. 나 자신도 그럴 수 있으니까요.

친구의 행동을 유심히 관찰하기

친구가 평소에 어떤 말을 하는지, 어떤 행동을 하는지 주의 깊게 살펴보세요. 내가 관심을 가지고 친구를 대하면 장점 찾기가 훨씬 쉬워져요.

친구와 있을 때 좋았던 점 떠올려 보기

친구를 본받고 싶다고 생각한다거나, 높이 평가하고 있다면 그 생각 자체가 장점을 발견한 것이나 다름없어요.

다른 친구에게 물어보기

도저히 친구의 장점을 못 찾을 땐 또 다른 친구에게 물어보세요. 내가 발견하지 못한 장점을 다른 친구는 알고 있을지도 몰라요.

 발타사르 그라시안이 들려주는 세상을 보는 지혜

잘 알지도 못하면서 다른 사람들 앞에 나서서 '아는 척'을 할 때가 있어요. 또 자신의 외모가 뛰어나다고 생각해서 '예쁜 척, 멋진 척'을 하기도 하지요. 가진 것이 없는데도 '있는 척'을 하는 사람도 있고요. 이런 잘난 척은 다른 사람에게 불쾌함을 줄 수 있어요. 사실과 다른 것을 그럴듯하게 꾸며 자랑하거나 뽐내는 행동이니까요.

'잘난 척'은 친구들과의 관계에 큰 영향을 미쳐요. 마음이 언짢아져 안 좋게 보거나, 싫어할 수 있어요. "나는 남보다 뛰어난 걸 어떡해."라고 말하는 사람의 자신감은 좋아요. 하지만 자신의 재능이 탁월할수록 그 재능은 자연스럽게 드러나지, 뽐낸다고 더 잘 알 수 있는 게 아니거든요. 현명한 사람은 절대 자기 장점을 뽐내지 않으면서 다른 사람의 주목을 받고 박수를 받지요.

영국을 대표하는 시인 윌리엄 워즈워스는 "기고만장하게 행동하느니보다 허리 굽힌 겸손함이 더 슬기로움에 가깝다."라고 말했어요. 우쭐하여 뽐내는 행동보다 자기를 내세우지 않더라도 다른 사람을 존중하는 자세가 슬기롭다는 것이지요. '잘난 척'보다는 '겸손함'이 우리가 가져야 할 덕목임을 기억하세요.

윌리엄 워즈워스

잘난 척을 한 게 아닌데 자꾸 잘난 척한다고 해요.

내가 어떤 말을 했을 때 상대방이 어떻게 받아들일지를 한번 생각해 보세요. 내 말에 기분이 나쁠 수도 있고, 속상해하거나 의기소침해질 수도 있어요. 내가 한 말을 친구들이 좋아하지 않고 잘난 척하는 걸로 여겼다면 그때 한 말을 기억해 두었다가 다음번엔 다르게 표현해 보세요. 친구들도 오해였다는 걸 알게 될 거예요. 🙂

지혜롭게 사는 방법 ❹
잘난 척은 금물

음악 시간에 피아노 반주를 할 사람을 정하기로 했어요. 지후가 먼저 피아노를 연주하고 우진이가 그다음에 연주하기로 했지요.

NO →

"비켜 봐. 내가 쳐 볼게. 내가 너보다 잘 쳐. 콩쿠르에서 대상도 받았는걸."

"그래, 너 잘났다."

OK →

"너만큼 잘 치진 못하겠지만, 최선을 다해 쳐 볼게."

"너는 콩쿠르에서 대상도 받았으면서. 겸손하기까지 하다니……. 멋있다."

잘하는 것이 있으면 친구들 앞에서 뽐내고 싶은 마음이 들어요. 그럴 때 우쭐대고 잘난 척하기보다는 오히려 겸손한 마음으로 자신을 낮추면 친구들이 먼저 나를 인정해 주고 높여 주지요.

유진이와 태영이는 함께 수학 숙제를 하고 있었어요. 그런데 태영이가 문제를 못 푸는 유진이를 놀리고 자신은 수학을 잘한다며 잘난 체를 해서 유진이는 기분이 나빴어요.

잘난 척을 하는 친구에게 어떤 말을 하나요? 기분이 나빠도 참거나, 오히려 톡 쏘는 말로 상처를 주지는 않나요? 그럴 때는 내 기분을 있는 그대로 솔직하게 말해 보세요. 그러면 상대방도 잘난 체하는 말을 조심하게 될 거예요.

겸손한 자세를 배워 볼까?

잘난 체를 해서 친구와 멀어지거나 친구를 잃고 싶은 사람은 아무도 없을 거예요. 우쭐대고 뽐냈던 말이 상대방을 무안하게 하고, 불쾌하게 한다면 내가 하는 말을 돌이켜 생각해 볼 필요가 있어요.

자신의 능력을 잘난 체하며 뽐내기보다 겸손한 자세로 상대방과 대화를 해 보세요. 상대방의 마음을 헤아리는 말하기는 대화를 원활하게 하고, 관계를 원만하게 만들지요.

그렇다면 겸손하게 말하는 방법은 어떤 게 있을까요?

겸손하게 말하는 방법

- 자신의 능력을 자랑하지 않기
- 말하는 자세와 표정을 부드럽게 하기
- 내 말만 하기보다 상대방의 말에 귀 기울이기
- 상대방의 말을 이해하고 공감하기

발타사르 그라시안이 들려주는 세상을 보는 지혜

여러분은 친구에게 부탁할 때 어떤 말투인가요? 나의 일을 다른 사람에게 해 달라고 요청하는 일에 퉁명스럽고 딱딱하게 말하는 사람은 없겠지요?

영어 표현 'Please(플리즈)'는 남에게 정중하게 무엇을 부탁할 때 덧붙이는 말이에요. 우리가 친구에게 부탁할 때는 'Please'를 덧붙이는 것처럼 말투와 태도를 정중하게 해서 최대한 친구를 존중하는 것이 좋아요. "혹시 괜찮으면 내 부탁 들어줄 수 있어?"와 같은 표현으로 부드럽게 말해 보는 거예요. 그러면 친구가 내 부탁을 들어줄 가능성이 더 커진답니다. 이와 반대로 친구가 내게 정중히 부탁했을 때 그 부탁을 들어주면 좋겠지만 거절할 줄도 알아야 해요. 거절할 줄 아는 것은 수락할 줄 아는 것만큼 중요하지요.

친구의 부탁에 거절을 해야 한다면 어떤 말투가 좋을까요? 스페인 속담에 "제대로 양해를 구하면, 거절해도 크게 기분이 상하지 않는다."라는 말이 있어요. 거절을 할 때는 단호하게 "안 돼."라고 하는 것보다 "미안하지만, 네 부탁은 들어주지 못할 것 같아."라고 말하는 것이 좋아요. 또 거절을 하는 이유를 덧붙여 주면 상대방이 느끼는 실망감이 줄어들 거예요.

미안하지만, ○○○해서 네 부탁은 들어주지 못할 것 같아.

친구가 부탁을 하면 거절을 못 하겠어요.

상대방이 상처받을 것을 우려하여 거절하고 싶은 마음을 꾹 누르고 승낙을 한다면 내 마음이 무척 불편해질 거예요. 내가 들어주지 못할 부탁이라면 거절하는 내 마음 상태를 솔직히 표현하는 것이 좋아요. 부탁은 내가 꼭 해야 할 일이 아니라, 들어줄 수도, 들어주지 못할 수도 있는 것이랍니다. 🙂

지혜롭게 사는 방법 ⑤
정중한 부탁, 현명한 거절

인규네 집에 놀러 간 준희는 평소 해 보고 싶던 게임팩을 발견했어요. 준희는 게임팩을 인규에게 빌리고 싶었어요.

아무리 친한 친구 사이일지라도 무뚝뚝한 말투로 통보하듯이 부탁하는 건 좋지 않아요. 가까운 사이일수록 서로 지켜야 하는 예의가 있는 법이랍니다.

선우가 짝꿍 다니엘에게 과학 요점 정리 공책을 빌려 달라고 했어요. 하지만 다니엘은 매일 복습을 해야 해서 공책을 빌려 줄 수 없었어요.

친구 부탁을 단칼에 거절하면 친구의 기분이 나쁠 거예요. 어렵게 부탁한 친구의 마음을 헤아리고 배려하는 태도가 필요하답니다.

부탁과 거절의 기술

상대방이 내 말에 귀 기울이고, 내 부탁을 들어주게끔 하는 '부탁의 기술'을 알려 줄게요. 알아 두고 기억해 두면 효과적으로 부탁을 하는 데 많은 도움이 될 거예요.

부탁의 기술

- 상대방이 들어줄 수 있는 부탁인지 생각하기
- 상대방의 기분을 살펴 기분이 좋을 때 말하기
- 최대한 예의를 갖춰 말하기
- 부드러운 표현으로 말하기
- 부탁하는 이유를 곁들여 말하기

이런 부탁해서 미안하지만 내가 꼭 필요해서 그러는데…….

부탁이 있어. 네가 어떻게 생각할지 모르지만 들어줄 수 있겠니?

기분 좋게 거절하기 위해서는 노력이 필요해요. 특히 평소에 거절하는 것을 힘들어하는 친구들이 있다면 '거절의 기술'을 여러 번 소리 내어 읽고 연습해 보세요.

거절의 기술

- 단번에 거절하지 않기
- 상대방의 감정을 헤아리고 배려하는 태도 갖기
- 상대방의 기분을 상하지 않도록 말하기
- 거절의 이유를 정확하게 설명하기
- 거절하는 대신 다른 대안을 함께 생각해 보기

시대를 초월한 《데일 카네기의 인간관계론》 어린이책

김지연 글 | 유영근 그림

화를 내는 건 나쁜 일인가요?

저는 친구보다 제 자신이 더 중요해요.

말싸움을 거는 친구는 어떻게 대해야 할까요?

관계가 매일 새롭고 어려운 어린이들을 위해 데일 카네기가 알려 주는 공감 100% 실천 가이드!

01. 관계를 위한 세 가지 기본 원칙
02. 호감 가는 사람이 되는 여섯 가지 방법
03. 싸우지 않고 설득하는 여덟 가지 방법

베스트셀러
《데일 카네기의 자기 관리론》
어린이책

숙제를 하기 싫어서 자꾸 미루게 돼요.

오늘 해야 할 일을 계획했는데, 다 못 했다면 어떻게 해야 할까요?

걱정되는 일을 엄마에게 이야기하고 싶은데 혼날까 봐 무서워요.

김지연 글 | 유영근 그림

자기 주도 능력과 회복 탄력성을 갖게 하는 자기 관리에 대한 모든 것! 데일 카네기가 알려 주는 공감 100% 실천 가이드!

01. 자기 관리를 위한 세 가지 기본 기술
02. 걱정하는 습관을 없애는 여섯 가지 방법
03. 평화와 행복을 부르는 일곱 가지 방법